Inhalt

Negative Gedanken:

Mit 7 goldenen Regeln innere Blockaden und Ängste loswerden und mehr Glück und positives Denken in dein Leben ziehen

Autor: Noemi Ullhaber

Vorwort

Das Leben lässt sich in zwei verschiedene Arten von Menschen unterteilen: Die Optimisten und die Pessimisten! Fraglich ist jedoch, welche Ansichten einen im Leben wirklich weiterbringen und wo man persönlich steht. Mediziner sind sich mittlerweile einig: Das positive Denken kann die Gesundheit fördern und den Menschen selbst glücklich machen.

„Sieh das Glas halb voll statt halb leer“ – ein Satz, den wahrscheinlich bereits sehr viele Menschen gehört haben. Eigentlich klingen die Sätze sehr typisch und gehen daher leicht über die Lippen. Doch ist das alles was man, mit positivem Denken erreichen kann? Viele Optimisten verwenden solche Sätze, da es ihnen sozusagen in die Wiege gelegt ist, alles positiv zu sehen. Forscher gehen jedoch davon aus, dass vielmehr dazu gehört, als nur kleine Weisheiten von anderen Menschen aus unserer Umgebung.

Alles, was in Deinem Gehirn passiert, beeinflusst nicht nur Deinen Alltag, sondern gleichzeitig Dein Denken selbst und Dein Wohlbefinden. Es haben schon einige frühere Studien gezeigt, dass eine positive Lebenseinstellung dann erreicht werden kann, wenn das Gehirn auch positiv denkt. Doch genau diese positive Lebenseinstellung kann noch deutlich mehr, als Du denkst. Wer schwer krank ist und trotzdem eine positive Lebenseinstellung hat, kommt viel leichter mit seiner Krankheit zurecht und kann dadurch seine persönliche Lebensqualität verbessern. Das bedeutet nicht, dass man unheilbare Krankheiten aufgrund seiner Einstellung heilen kann. Es geht vielmehr darum, dass es Dir als Mensch besser geht und Du dich in Deiner Haut wieder wohlfühlen kannst. Viele können so bei schweren Krankheiten, wie Krebs, auch wieder Kraft schöpfen und kommen mit eventuellen Behandlungen besser klar. Für andere bricht eine Welt zusammen, sie igeln sich ein und ziehen sich zurück. Eigenschaften, die auf jeden Fall nicht gesundheitsfördernd wären.

Jeder von uns hat mal schlechte Laune. Auch negative Gedanken können ab und an den Alltag bestimmen. Bedeutend schlimmer ist es allerdings, wenn genau diese negativen Gedanken einen täglichen Einfluss auf uns Menschen haben. Eine negative Denkweise kann das gesamte Wohlbefinden sehr stark beeinflussen. Es gibt bei jedem Menschen Zeiten im Leben, in denen es einfach alles zu viel wird. Damit sind nicht nur die negativen Gedanken gemeint. Die Arbeit, der gesamte Alltag oder sogar Stress mit Freunden kann schnell dazu führen, dass Du aus diesem negativen Gedanken-Karussell nicht mehr so einfach herauskommst. Auch gut gemeinte Ratschläge belasten Dich immer mehr, anstatt Dir zu helfen.

Du musst Dir vor Augen halten, dass Dein Gehirn viel schneller auf die negativen Gedanken und Dinge im Leben reagiert, als auf die positiven Momente. Ein Grund dafür ist unter anderem, dass Du keine ausreichende Erholung neben den hohen Anforderungen aus Deinem privaten und beruflichen Leben bekommst. Die Erholung, die Du dir im Alltag gönnen solltest, hat einen sehr großen Einfluss auf das Gehirn. Die Mandelkerne in Deinem Gehirn kannst Du als Stressverarbeitungsstellen ansehen. Diese werden immer größer, umso mehr Stress, Ärger und Probleme Du hast.

Natürlich ist es immer alles leichter gesagt, als getan! Allerdings wirst Du mit der Zeit merken, dass es deutlich leichter ist, zu arbeiten und den eigenen Verpflichtungen nachzugehen. Es lohnt sich daher jederzeit, sich einfach mal mit den positiven Dingen im Leben zu befassen. Schließlich geht die Anspannung in Deinem Körper weg und auch die Schmerzreduktion kann sich erheblich verbessern. Du wirst merken, dass die Wohlfühlfaktoren deutlich überwiegen und Du dich generell viel besser fühlen wirst.

Außerdem sind Menschen, mit einer positiven Lebenseinstellung, von Grund auf glücklicher. Auch das besagen heute sehr viele Studien, die sich mit der Thematik befassen. Genau aus dem Grund wollen wir in diesem Buch eine kurze Einführung geben, wie auch Du Deine Lebensqualität durch das positive Denken verbessern kannst. Das funktioniert natürlich nicht einfach von heute auf morgen. Du musst Dir schon Zeit lassen und Dich nach und nach einarbeiten. Dabei ist es wichtig, dass Du Dich auf keinen Fall unter Druck setzt.

Wir möchten Dir in unserem ersten Kapitel bereits eine kleine wissenschaftliche Einführung bieten, damit Du verstehst, was eigentlich mit

Deinem Körper passiert, wenn Du Dich auf die wesentlichen und zugleich auch positiven Dinge im Leben konzentrierst.

Im weiteren Verlauf des Buches, also im zweiten Kapitel, werden wir Dir die fünf goldenen Regeln mit zahlreichen Übungen auflisten, die Du perfekt in Deinen Alltag integrieren kannst. Lasse Dich ruhig auf die kleinen Übungen ein. Du wirst sehen, dass positives Denken das Leben erleichtern kann.

Wissenschaftliche Einführung zum positiven Denken

Negative Gedanken können immer ein Thema im Leben sein. Doch sie blockieren nicht nur das Denkmuster, sondern auch das Leben. Das positive Denken wirkt sich nicht nur auf Dein Wohlbefinden aus. Hinter positivem Denken steckt einfach deutlich mehr als das. Als Positiv-Denker kannst Du sogar Deine eigene Gesundheit stärken. Wie genau, dass zeigen wir Dir in der nachfolgenden Tabelle, die den Unterschied zwischen Positiv-Denkern und Negativ-Denkern verdeutlichen soll:

Positiv-Denker	Negativ-Denker
Gesundheit	
➢ deutlich stärkere Abwehrkräfte ➢ gute körperliche Verfassung ➢ Dopamin wird deutlich mehr ausgeschüttet ➢ Stressresistenz ist deutlich besser	➢ oft krank, ein sehr schwaches Immunsystem ➢ die allgemeine Verfassung ist sehr schlecht ➢ stehen häufig unter Stress und haben große Ängste
Zufriedenheit	
➢ die gute Laune gehört zu einem Grundzustand ➢ diese Menschen sind von innen heraus einfach nur glücklich ➢ man hat selten schlechte Laune	➢ leider ist die schlechte Laune der Grundzustand ➢ diese Menschen fühlen sich oft schlecht ➢ geben

und wenn dann nur sehr kurz	anderen die Schuld für ihre schlechte Laune
Karriere und Geld	
➢ man sieht einfach viel mehr Chancen als nur die Probleme ➢ diese Menschen lernen aus ihren eigenen Niederlagen ➢ sie sind deutlich leistungsfähiger und ziehen den Erfolg und das Geld an ➢ Stellen sich gerne der Herausforderung ➢ Erreichen mehr im Beruf	➢ rechnen immer mit dem Schlimmsten und sehen überall Probleme und Gefahren ➢ sind meistens unproduktiv oder ziehen das Pech magisch an ➢ geben bereits bei den ersten Hindernissen sofort auf ➢ Sind im Beruf nicht

	besonders erfolgreich und bleiben oft auf der Stelle stehen
Geistige Fähigkeiten	
➢ führen nicht nur privat, sondern auch beruflich gute Beziehungen ➢ sehen immer erst das Positive in einem Menschen und betrachten sie als Freunde ➢ verzeihen anderen Menschen schnell, selbst wenn sie auf lange Sicht gesehen nicht sonderlich gut	➢ führen meistens schlechte Beziehungen und sehen in jedem Menschen was Schlechtes ➢ haben aufgrund dessen Angst vor einer festen Bindung und Beziehung zu anderen Menschen ➢ diese

tun	Menschen sind sehr misstrauisch und lassen selten jemanden an sich ran
Beziehungen	
➢ die Kontrolle über die Gedanken und Emotionen sind zu 100 Prozent vorhanden ➢ sie nutzen meistens die Macht für sich und auch andere ➢ die Konzentration und das Gedächtnis dieser Menschen sind besonders stark	➢ diese Personen haben keine Kontrolle über ihre Launen und ihr Innenleben ➢ sie ziehen aufgrund dessen die negativen Aspekte an ➢ sind meistens vergesslich und unkonzentriert ➢ können sich

➢ können sich oftmals auf Knopfdruck entspannen	nicht entspannen oder nur schwer

Anhand dieser kleinen Tabelle kannst Du bereits erkennen, warum das positive Denken selbst so wichtig ist. Wir möchten Dir in unserem kleinen Ratgeber daher viele zahlreiche Tipps geben, wie Du als Negativ-Denker endlich zu einem Positiv-Denker wirst und Dein Leben vereinfachen kannst.

Ursachen und Auslöser negativer Gedanken

Wir haben bereits über die körperlichen Auslöser der negativen Gedankenbindung gesprochen und wollen nun gemeinsam herausfinden was genau die Auslöser und Ursachen dieser Gedankenmuster sein können. Negative Gedanken können durch auslösende Faktoren in der Umwelt entstehen. Wer stetig Nachteile im Beruf oder im Sozialleben erfährt wird irgendwann diese negativen Erfahrungen verallgemeinern und geht dann prinzipiell davon aus, dass es immer negative Erfahrungen im eigenen Leben geben wird.

Aber auch Mehrfachbelastungen im Job, im Alltag oder im Familienleben können sehr schnell die negativen Gedanken hervorrufen. Schnell lässt sich feststellen das Deine Gedanken auch von deinen

Gefühlen abhängig sind. Fühlen wir uns schlecht, kommen automatisch die negativen Gedanken hoch und man beginnt sich in diesen zu baden.

Aber auch eigener Perfektionismus kann schnell zu negativen Gedanken führen. Wer unter einem starken Perfektionismus leidet, wird die eigenen Anforderungen nicht erfüllen können. Fehlende Eigenanerkennung führt zu Versagensängsten, die wiederum zu einem verzerrten Bild im Gedankenkomplex führen.

Auslöser lassen sich sehr viele finden. Darunter auch zahlreiche im Bereich der eigenen Erziehung. Kinder, die immer wieder von den Eltern getadelt werden, bekommen nicht die Möglichkeit positive Gedanken zu erzeugen. Ängste verschiedenster Art können die Gedanken blockieren und führen zu einem pessimistischen Verhalten.

Auslöser für negative Gedankenmuster können sein:

- Erfahrungen aus der Kindheit
- Perfektionismus
- Schlechte Erfahrungen in der Familie/ Erziehung
- Doppelbelastungen durch Familie und Beruf
- Krankheiten
- Depressionen

Das alles können Auslöser negativer Gedanken sein. Aber auch einfache Schicksalsschläge, wie der Verlust eines Menschen oder die Kündigung im Job oder die Beendigung einer Beziehung lassen negative Gedanken zu.

Die größten Fehler beim positiven Denken: Darum kommen die negativen Gedanken immer wieder

Bevor Du damit beginnst, negative Gedanken aus Deinem Leben zu verbannen, kommen Dir wahrscheinlich sehr viele Hürden entgegen. Es gibt einige Fehler, die Du auf Deinem neuen Weg vermeiden solltest. Davon haben wir Dir drei Fehler herausgesucht, damit Du es leichter haben wirst, das positive Denken in den Alltag zu integrieren. Diese drei Fehler ermöglichen es Deinem Kopf negative Gedankenmuster zu integrieren, anstatt das positive Denken zu erzeugen.

1. Fehler: Zwinge Dich nicht zu positiven Gedanken!
   Es gibt leider immer mehr Menschen, die sich regelrecht dazu zwingen, positiv zu denken.

Dies bringt in den meisten Fällen allerdings nichts. Es gibt aber auch Menschen, die versuchen, ihre schlechte Laune immer wieder zu überspielen und zwanghaft gute Laune vorzuspielen. Genau diese Menschen sind es, die sich einreden, dass alles toll ist, obwohl die negativen Gedanken ihre persönlichen Emotionen leiten.

Achte daher dringend darauf, dass Du nicht versuchst, Dich zwanghaft in die neuen, positiven Gedanken zu begeben. Sollte das allerdings der Fall sein, machst Du etwas falsch. Du darfst das positive Denken niemals als Zwang ansehen. Genau dann tritt nämlich wieder der Stressfaktor ein, den Du letztendlich vermeiden möchtest.

Das positive Denken sollte immer eine Sache des Wollens, also des eigenen Willens sein.

2. Fehler: Positives Denken funktioniert bei mir sowieso nicht!
Viele Menschen beklagen sich mittlerweile darüber, dass das positive Denken bei ihnen nicht funktioniert. Doch warum sollte es nicht? Gerade dann, wenn Du immer wieder daran glaubst, dass es sowieso nicht funktioniert, wirst Du schnell merken, dass genau diese Gedanken sich auch in Deinem Gehirn verankern. Sind die negativen Gedanken erst einmal in Deinem Gehirn verankert, weil Du dauernd negativ denkst, ist es umso schwerer, diese Blockaden zu lösen. Allerdings musst Du dir vor Augen halten, dass das positive Denken an sich immer mit einer gewissen Wahrnehmung zu tun hat. Das negative Denken

allerdings auch. Dein Denken schafft einfach eine Art von Realität. Was Du denkst und fühlst ist schließlich auch Realität. Eigentlich kannst Du das genauso wie eine Art Anziehung ansehen. Negative Gedanken ziehen gleichzeitig auch eine negative Realität an. Die positiven Gedanken wiederum ziehen die positive Realität an. Du wirst sehen, dass das allein schon Deine Lebensqualität steigern wird.

3. Fehler: Positives Denken ist nur möglich, wenn man auch was Positives erlebt hat!
Auch dabei handelt es sich um einen großen Irrtum. Es ist einfach nicht der Fall, dass man nur die positiven Dinge erleben kann, wenn man es auch wirklich erlebt hat. Wir haben schließlich gelernt, dass eine positive Denkweise die positive Realität

anziehen kann. Leider liegt genau dort das Problem von vielen Negativ-Denkern. Die Denkweise führt immer mehr in eine sogenannte Abwärtsspirale. Gerade dann denkst Du, dass Du aus diesem Teufelskreis nicht herauskommst und es aus eigener Kraft nicht schaffst, positiv zu denken. Von dieser Denkweise solltest Du jedoch schnell Abstand nehmen.

Alles, was Du eigentlich brauchst, um genau diese Gedankenspirale in den Griff zu bekommen, ist ein eigenes Bewusstsein und ein klarer Geist! Es gibt sogar einen kleinen Leitsatz beziehungsweise eine Regel, die Du dir vor Augen halten solltest.

Starkes Bewusstsein = starke Kontrolle über Dich selbst = starke Einflussmöglichkeit auf Dich selbst!

Du wirst sehen, dass Du allein dadurch die Kontrolle über Dein eigenes Leben haben wirst. Du kannst Dein eigenes Bewusstsein sogar nach und nach trainieren. Auch wenn sich dieser Schritt wirklich schwer anhört, solltest Du weiter daran glauben.

Halte Dich einfach an das sogenannte Gesetz des Glücks. Dieses besagt, dass Du Glück im Äußeren erfährst, wenn Du auch im Inneren glücklich bist. Eigentlich eine logische Schlussfolgerung, oder? Dies ist eigentlich auch die einzige Möglichkeit, um Deine positiven Gedanken im Alltag zu leiten. Suchst Du jedoch erst das äußere Glück, ohne im Innern glücklich zu sein, wirst Du schnell merken, dass es nicht nur sehr schwer ist, sondern fast unmöglich. Du findest

Dein persönliches Glück immer nur im Hier und Jetzt und nicht in der Zukunft. Es ist also wichtig, dass Deine Gedanken auf das Sein bezogen sind und nicht auf andere Dinge.

Warum denken wir Menschen eigentlich immer negativ?

Eine weitere Frage, mit der wir uns in diesem Kapitel beschäftigen möchten, ist die Frage, warum wir Menschen eigentlich grundsätzlich immer negativ denken. Das kommt garantiert nicht von Ungefähr oder ist angeboren. Grundsätzlich ist Dein Verstand immer wieder darauf ausgerichtet, Probleme aufzuspüren aber auch darauf, diese zu lösen. Dafür sind wir Menschen einfach da. Du merkst, dass Du selbst im Alltag immer wieder auf Probleme stößt, die Dich wahrscheinlich von Deinem vollkommenen Glück abhalten. Doch Dein Verstand ist es, der dazu da ist, genau diese Probleme zu lösen und niemand anderes.

Du kannst Deinen Verstand daher als eine Art Problemlösungs-Maschine ansehen, auch wenn sich das Wort eher etwas witzig anhört. Diese Maschine arbeitet in Deinem Körper, um Deine persönlichen Ziele erreichen zu können. Sie ist auch dazu da, dass Du auf dieser Welt leben kannst und Dich unter anderem auch wohlfühlst.

Es kann aber auch passieren, dass Du Dich bei manchen Dingen nicht wohlfühlst oder es Dir nicht gut geht. Sobald Dein Verstand schließlich ununterbrochen eingeschaltet ist, wird er auch immer wieder und wieder nach weiteren Problemen suchen. Das heißt schlichtweg, dass es auch nach Problemen sucht, wenn überhaupt keine in der Nähe sind. Sind keine Probleme zum Lösen da, schafft sich Dein Verstand einfach welche. Schließlich ist genau das seine Hauptaufgabe.

Das ununterbrochene Denken führt Dich daher in immer mehr Probleme!

Wenn Du mal genauer drüber nachdenkst, wird Dir genau das auffallen. Du wirst daher schnell merken, dass Deine innerliche Problemlösungs-Maschine genau dann zu Deinem eigenen Problem wird, wenn Du nicht lernst, einfach mal abzuschalten.

Es gibt viele Menschen, die es nicht schaffen, im Alltag abzuschalten und sich immer im negativen Gedankenkreis befinden. Es sind allerdings nicht nur die Gedanken, die einen im Alltag nicht in Ruhe lassen. Innere Unruhe, ein flaues Gefühl im Bauch und die ständige Angst begleiten einen ebenfalls. Negative Gedanken können dazu führen, dass man in eine depressive Stimmungslage gerät. Umso mehr man diese Gedanken hat, umso schwieriger ist es, sich im Alltag wieder zurechtzufinden.

Wie beeinflusst das positive Denken unsere Gesundheit?

Positives Denken hält gesund! Genau das ist es, was Forscher mittlerweile herausgefunden haben. Es gibt einige wissenschaftliche Studien, die belegen, dass Optimisten deutlich gesünder leben. Optimisten gehen schließlich in vielen Situationen davon aus, dass alles gut gehen wird. Negativ-Denker hingegen befürchten jederzeit das Schlimmste. Generell fand man heraus, dass positives Denken sich auch positiv auf den menschlichen Organismus auswirken kann. Das bedeutet, dass folgende Vorteile bei Positiv-Denkern deutlich werden:

- ✓ es erhöht die Lebenserwartung
- ✓ verringert das Risiko an Depressionen zu erkranken
- ✓ schützt vor Erkältungen und anderen Immunkrankheiten
- ✓ soll das Wohlbefinden deutlich verbessern
- ✓ senkt mitunter das Herz-Kreislauf-System
- ✓ kann Dich in vielen Stresssituationen leistungsfähiger machen

Optimisten leben deutlich gesünder!

Im Gegensatz zu Negativ-Denkern leben Optimisten, wie bereits im vorherigen Abschnitt erwähnt, deutlich gesünder. Umso positiver die Einstellung zum eigenen Leben ist, umso leichter fällt es einem, seinen gesunden Lebensstil weiter verfolgen zu können. Wer positiv denkt, hat deutlich mehr Spaß daran, sich gesund zu ernähren, Sport zu machen und wenig Alkohol und

Zigaretten zu konsumieren. Dadurch ist das gesamte Leben einfach gesünder, ohne jegliche Einschränkungen.

Doch das ist lange noch nicht alles, was einem im Leben begegnen wird, wenn man positiv denkt. Für die Gesundheit kann auch das sehr viele Vorteile mit sich bringen. Auch eingefleischte Pessimisten können ihre eigenen Denkmuster verändern, um sich das eigene Leben leichter zu machen. Wichtig ist es jedoch, dass man offen dafür ist, neue Denkweisen anzunehmen und sich persönlich zu verändern.

Gefühle können bestimmte Körperzellen aktivieren

Wissenschaftler sagen, dass positives Denken zugleich den körperlichen, aber auch psychischen Gesundheitszustand beeinflussen kann. Doch was passiert konkret mit dem menschlichen Körper? Was geschieht, wenn man positiver denkt und die komplette Denkweise im Alltag einfach ändert? Viele der Verhaltensweisen sind noch nicht ansatzweise erforscht. Allerdings hat man herausgefunden, dass die positive Denkweise eines Menschen die Gefühlswelt und auch die Körperabwehr stärken kann. Eine Studie aus Israel konnte dies bereits unter Beweis stellen. Durch das positive Denken wird das Glückshormon Dopamin aktiviert, welches für bestimmte Teile des menschlichen Immunsystems verantwortlich ist. Das menschliche Gehirn schüttet daher eine große Menge dieses Hormons aus. Dabei erhöhen sich sogar die Antikörper im Blut.

Eine Erklärung für diese Forschungsergebnisse ist der sogenannte Placebo-Effekt. Diese Studien sind bislang lediglich an Mäusen getestet worden, nicht an Menschen. Allerdings sind sich die Wissenschaftler genauso sicher, dass es beim Menschen ähnliche Effekte gibt. Der sogenannte

Placebo Effekt wurde allerdings schon in klinischen Studien bewiesen. Dies allein wurde bereits anhand von Tabletten und anderen Medikamenten deutlich. Anhand dessen konnte man bereits eine sehr gute Heilwirkung erzielen. Jedoch nur dann, wenn die Patienten selbst daran glaubten und zugleich davon überzeugt waren, dass es sich um ein wirksames Medikament handelt. Gerade die Behandlungsformen geben weiterhin Hoffnung darüber, dass eine positive Erwartungshaltung auch in dem Bereich helfen kann. Schließlich lösen genau solche Momente ein optimistisches Gefühl aus. Dies wiederum geht sofort auf das Belohnungssystem im Gehirn ein, wodurch ebenfalls das oben genannte Dopamin ausgeschüttet wird.

Es kann sich daher allemal lohnen, von Grund auf positiv zu denken, um die gesamte Einstellung zu verbessern. In vielen Situationen wird es einem garantiert nicht leichtfallen. Gerade bei schweren Schicksalsschlägen in der

Familie oder in anderen zehrenden Situationen. Eine positive und zugleich optimistische Lebenseinstellung im Alltag kann man allerdings üben. Es gibt einige kleine Punkte, die dabei bereits eine sehr gute Hilfe bieten können:

1. Probleme aktiv bewältigen können:
   Ob nun Gespräche in der Firma oder aber auch ein Termin beim Chef – all diese Dinge sind nicht gerade angenehm im Leben. Daher neigen wir Menschen dazu, genau diese Situationen oder Gespräche einfach auf die lange Bank zu schieben und sich nicht sofort darum zu kümmern. Allerdings führt das wiederum dazu, dass die gesamte Stimmung betrübt ist und die unerledigten Probleme sich negativ auf den Alltag auswirken.

   Es ist daher viel besser, genau diese Dinge schnell anzupacken und einfach hinter sich zu bringen. Die allein bewältigten Probleme können unter anderem bereits dazu beitragen, dass das eigene Selbstbewusstsein gesteigert wird. Man schafft es auch dann, viel deutlicher in die Zukunft zu schauen. Besonders dann, wenn es um sehr schwere und eher komplexe Probleme im Alltag geht, sollte man sie schnell bewältigen, um zurück zum eigenen Wohlbefinden zu gelangen und sich nicht mit negativen Gedanken aufzuhalten.

Ein guter Tipp ist es, die eigenen Probleme wie eine Art Aufgabenliste zu betrachten. Diese Aufgabenliste möchten man bewältigen und lösen. Daher sollte man sich immer bewusst machen, dass das Gefühl, diese „Aufgaben“ erledigt zu haben, auf lange Sicht glücklicher macht, als das unangenehme Gefühl es schon wieder aufgeschoben zu haben.

2. Immer das Positive im Negativen erkennen!

   Jede Krise, die wir im Leben haben, belastet uns. Man darf jedoch nicht vergessen, dass man einfach in jeder einzelnen Krise im Leben immer eine neue Chance sehen sollte. Auch wenn es sich um eine sehr kleine Chance handelt, sollte man diese greifen. Verliert man seinen Job oder steht vor einer Trennung ist das natürlich besonders schmerzhaft und schlimm für einen Menschen. Meistens sind diese Momente auch mit großer Unsicherheit verbunden. Doch sobald diese Krisen überstanden sind, merkt man, dass alles nicht so schlimm war und das Leben weiter geht, oder sogar besser ist als zuvor.

3. Hilfe und Unterstützung holen!

Menschen sind soziale Wesen. Dauerhaft kann ein Mensch nur in einer Gemeinschaft überleben, auch wenn man in vielen Situationen anderer Meinung ist. Es ist normal, dass sich Menschen unterstützen und die Hilfe anbieten.

Es gibt einige Menschen, die ein Idealbild als sogenannter Einzelkämpfer verfolgen. Das hat jedoch lange nichts mehr mit der komplexen Gesellschaft zu tun. Kein Mensch kann alles allein machen und das auch noch auf Dauer. Man muss jemanden an seiner Seite haben, mit dem man die Arbeit teilen kann und der auch dann da ist, um einem Mal eine schwere Last von den Schultern zu nehmen.

Es lohnt sich daher gleich mehrfach, mit den positiven Gedanken durchs Leben zu gehen. Selbst das soziale Umfeld reagiert deutlich besser auf jemanden, der positiv durchs Leben geht. So wurde bewiesen, dass selbst Freunde irgendwann das Interesse am Zuhören verlieren, wenn man nur negative Dinge zu berichten hat. Kein Wunder, denn das zieht auch dein Gegenüber irgendwann runter und das möchte wirklich niemand.

Doch warum ist es noch wichtig, negative Gedanken zu beseitigen

Eines muss vorweg gesagt werden: Es geht nicht darum, dass man sich etwas einredet oder eben dazu zwingt, positiv denken zu müssen. Viele Menschen fragen sich immer wieder, warum man sich etwas einreden soll. So einfach kann man sich das jedoch nicht machen. Schließlich haben viele Menschen den Wunsch, einfacher durch den Alltag zu gehen und viel positiver zu denken. Andere Menschen wiederum haben eine komplett andere Wahrnehmung und wissen nicht genau, wie gut sich das positive Denken auf einen persönlich auswirken kann. Doch worauf fokussiert man sich eigentlich am meisten, wenn man in bestimmten Situationen steckt? Was fällt einem als erstes ein? Und wieso versucht man nicht, sofort an das Positive zu denken und demnach auch einen klaren Vorteil aus bestimmten Situationen zu ziehen?

Gerade diese Fragen stellen sich auch heute immer mehr Menschen, die dauerhaft das Negative in einem sehen. Genau aus dem Grund sollte man immer mehr daran denken, dass auch das positive Denken selbst in ein glücklicheres Leben führen kann.

Selbst für die Menschen, die ein glückliches Leben führen, gibt es immer wieder Zeiten, in denen negative Gedanken überwiegen. Das ist menschlich! Man sollte nicht vergessen, dass man nicht nur positive Gedanken haben kann. Auch die unangenehmen Gefühle im Leben lassen sich nicht einfach ausschließen und abschalten. Sie gehören ebenfalls dazu. Wäre das eigene Leben nur eine gerade Linie, könnten wir Menschen nicht leben. Dies ist vergleichbar mit einer Herzfrequenz. Es gibt immer ein Auf und Ab. Es lässt sich einfach nicht vermeiden. Mal sind es die Hochphasen, die man erlebt. Mal gibt es aber auch Tiefs, aus denen man lernen kann. Eigentlich kann man sagen, dass das Leben zu 50 Prozent aus Gedanken und Emotionen besteht und zu 50 Prozent aus den positiven Gedanken und Emotionen. Im Gegensatz zu den menschlichen Emotionen ist es möglich, die Gedanken selbst zu leiten. Durch die Veränderungen der persönlichen Gedanken kann man gleichzeitig auch seine Gefühle und Emotionen verbessern. Jeder Mensch ist schließlich für sein eigenes Glück selbst verantwortlich!

Was hat negatives und positives Denken mit Erfolg zu tun?

Ein amerikanischer Glücksforscher namens Shawn Achor hat bei seinen Untersuchungen verblüffende Ergebnisse herausgefunden. Es ist nicht das Glück, dass zu einem guten Erfolg beiträgt, sondern viel mehr das Positive Denken. Außerdem hat er viele weitere Punkte herausgefunden, warum das positive Denken den Menschen persönlich beeinflussen kann. Folgendes kam bei weiteren Forschungen heraus:

- Das menschliche Gehirn ist um knapp 31 Prozent produktiver, wenn es positiv denkt und sich nicht in einem negativen Teufelskreis befindet.
- Positives Denken ist wie eine Art Doping für das menschliche Gehirn.

- Die Leistungsfähigkeit steigt und somit auch der Erfolg eines jeden Einzelnen.
- Das positive Denken ist wichtig, um die eigen gesetzten Ziele erreichen zu können.

Läuft erst einmal alles im eigenen Leben rund, ist es nicht einmal schwer positiv zu denken und sich auf die wesentlichen Dinge im Leben zu freuen. Die eigentliche Herausforderung besteht jedoch darin, dass man die Dinge auch mit gutem Auge sieht, wenn sie eben nicht gut sind oder nicht so verlaufen, wie man es sich persönlich vorstellt und wünscht. Damit ist gemeint, dass man auch genau in den Momenten positiv denken sollte, wo es einem einfach schwerfällt. Gerade bei Krankheiten, Problemen oder anderen Schwierigkeiten ist es meistens der Fall, dass man in das negative Gedankenkarussell gerät. Genau dann übernehmen die negativen Gedanken die Kontrolle. In solchen Momenten sollte man bereits schauen, dass man trotz alledem positiv denkt und versucht, das Beste aus dieser Situation zu machen, die einen eventuell vor allem im ersten Moment völlig überfordert.

Negative Gedanken loswerden: Tipps und Tricks die helfen

Doch wie soll das funktionieren? Wie kann man seine persönlichen Gedanken so lenken, dass man wieder positiv in den Alltag blicken kann?

Wir haben einige Tipps und Tricks zusammengefasst, die im Alltag bereits helfen können, den richtigen Weg zu finden. Diese Tipps sind noch lange nicht die sieben goldenen Regeln, die wir Ihnen im nächsten Kapitel vorstellen möchten. Hierbei geht es vielmehr um kleine Tipps und Tricks im Alltag, die wir Ihnen sehr gerne nahebringen möchten.

Das tägliche Tagebuch

Eine gute Möglichkeit sich auf die positiven Gedanken zu konzentrieren, ist eine Art Tagebuch zu führen. Schreibe dir dort Dinge auf, worüber du dich den Tag über gefreut hast, wofür du dankbar bist und was gut gelaufen ist. Außerdem kannst du dort eintragen, worauf du im stolz ist.

Durch das Führen eines solchen Tagebuches kann man sich immer vor Augen halten, welche guten Dinge einem im Leben begegnen, auch wenn es mal zu schlechten Zeiten kommt. Einige Minuten am Tag reichen schon aus, um sich auf das Wesentliche zu konzentrieren. Es kann zum Beispiel ein schöner Moment mit dem Partner sein oder aber auch der Spaß beim Singen oder Spazieren gehen mit dem eigenen Hund. Jede Einzelheit sollte man aufschreiben und zusammenfügen, um sich auch bei negativen Gedanken immer an den schönen Tag zu erinnern, sodass man schnell Kraft und Mut tanken kann. Es kommt auf die kleinen Dinge im Leben an, denke immer daran!

Herausfinden, was einen persönlich belastet

Nicht selten denkt man im Alltag, dass einfach alles schlecht ist. Schnell werden solche Verallgemeinerungen zu einem wahren Glaubenssatz, der sich langsam aber sicher in die Nervenbahnen einbrennt. Gerade läuft es im Job nicht gut und schon hegt man die negativen Gedanken den Tag über und auf alle Situationen, die einem begegnen. Bevor man sich jedoch dazu zwingt, positiv zu denken, sollte man sich in erster Linie hinterfragen, was der Grund für die schlechten Gedanken ist. Wieso hegt man die schlechten Gedanken? Was steckt dahinter und was ist der Auslöser dafür? Genau diese Fragen sollte man sich vor Augen halten. Dadurch merkt dein Gehirn, dass deine Probleme in Wahrheit gar nicht so schlimm sind und du wirst positiver an die Sache herangehen.

Keine Vergleiche mehr ziehen

Ein weiterer wertvoller Tipp: Es ist sinnvoll, nicht dauernd Vergleiche zu ziehen. „Der andere verdient aber mehr für die gleiche Arbeit“ oder „Der Kollege hat ein viel schnelleres Auto“. Genau das ist es, was viele Menschen in ein immer wiederkehrendes Gedankenkarussell der negativen Gedanken bringt. Doch warum das Ganze? Man muss einfach nicht besser sein als alle anderen, sondern sollte sich immer selbst treu bleiben.

Statt all die anderen zu sehen und sich immer wieder mit den anderen Menschen zu vergleichen, sollte man sich einfach vor Augen halten, dass man selbst einfach gut ist und es niemand anderen gibt, der das ändern wird. Jeder sollte sich nur mit seinem früheren Selbst vergleichen und sich über das freuen, was man hat und was man persönlich erreicht hat.

Gezielt nach dem Guten suchen!

Am besten sucht man nach dem Guten in jeder Situation. Dies scheint sehr einfach gesagt zu sein. Allerdings kann man allen negativen Geschehnissen etwas Gutes abverlangen. Selbst wenn es nur darum geht, dass man seinen Job verliert. Irgendwo öffnet sich immer eine neue Tür. Es ist nicht einfach, aus den schlechten Nachrichten die positiven Dinge zu ziehen. Man sollte es allerdings versuchen. Man wird daher schnell bemerken, dass es den gesamten Alltag deutlich erleichtert.

Lächeln, so oft es geht!

Einfach mal die eigenen Probleme weglächeln. Das soll möglich sein? Für viele scheint das eine eher schwierige Aufgabe zu sein. Andere werden diese „einfachen“ Tipps belächeln. Allerdings ist es wissenschaftlich bewiesen, dass Lächeln glücklich machen kann. Nur ein kleines Lächeln kann bereits dafür sorgen, dass man innerhalb von einer sehr kurzen Zeit schon bessere Laune hat. Der Blick auf die Dinge in seinem eigenen Umkreis wird deutlich positiver und scheint leichter zu sein. Einen kleinen Satz wollen wir daher schon vor unserem zweiten Kapitel mit auf den Weg geben: **Lächle Dich glücklich!**

Kann man positives Denken wirklich erlernen?

Natürlich stellst Du Dir nun wahrscheinlich die Frage, ob man das positive Denken erlernen kann. Die Antwort ist relativ einfach: Ja! Allerdings ist es nicht so einfach, wie es sich vielleicht zu Anfang anhört. Es dauert schon eine Weile, bis man das positive Denken erlernt und seinen Alltag umstrukturiert hat.

Gesundes Denken heißt allerdings noch lange nicht positives Denken, das haben einige Psychologen bereits herausgefunden. Menschen, die alles schwarzsehen und immer mit negativen Gedanken in den Alltag steigen, haben deutlich mehr Angst, Trauer und Wut in sich. Eigentlich kann man sagen, dass es sich hierbei um die ständigen Begleiter handelt, die einem im Leben und im Alltag allgemein begegnen werden. Das Grübeln an sich ist zwar gesund, jedoch geht es vielmehr darum, dass man generell alles schwarz sieht. Gerade in solchen Situationen sollte man den negativen Gedanken bewusst entgegensteuern und versuchen, das Grübeln sein zu lassen. Sorgen und quälende Gespräche sind ein Indikator für Misserfolg, der wiederum unglücklich macht und wieder in die negative Gedankenspirale führt.

Forscher sagen zugleich, dass man die typischen Optimismus-Killer im Alltag erkennen muss. Außerdem sollte man diese auch gezielt meiden. Das können zum Beispiel Phasen wie Angst vor dem Scheitern oder ein dauerhaftes Konkurrenzverhalten sein. Gerade in dem Bereich sollte man gezielt schauen, dass man dem Gegenüber deutlich gelassener gegenübersteht. Nach außen hin sollte man ebenfalls freundlich bleiben und darauf achten, dass man sich außerdem regelmäßig Muße gönnt.

Natürlich sollte Dir klar sein, dass es mehr Aufmerksamkeit braucht, die Selbstbeobachtung durchzuführen. Außerdem darf man nicht vergessen, dass man viel Ausdauer benötigt, um auch dagegen angehen zu können. Du darfst nicht vergessen, dass das Gehirn immer wieder lernt. Das bedeutet, dass Du genauso gut in der Lage sein kannst, es neu zu programmieren. Sogar schlechte Erfahrungen oder Defizite kann man sozusagen mit positiven Gedanken überschreiben.

Die Frage, ob man das positive Denken erlernen kann, ist daher sehr einfach zu beantworten. Dementsprechend kann man mit einigen Handgriffen und auch Übungen gegen die negativen Gedankenspiralen angehen. Wir wollen Dir daher in unserem nächsten Kapitel zeigen, welche fünf goldene Regeln es für das positive Denken gibt und wie Du mit einfachen Übungen im Alltag besser zurechtkommen wirst. Du wirst sehen, dass es nicht einmal viel Arbeit kostet, mit wenigen Übungen vorzugehen. Diese werden wir Dir neben den goldenen Regeln aufzeigen, damit Du einige Übungen hast, die Du für Dich selbst heraussuchen kannst.

Sieben goldene Regeln, um positives Denken zu erlernen und nachhaltig in den Alltag zu integrieren

Positives Denken kann man erlernen! Das konnten wir in dem vorherigen Kapitel bereits genauer verdeutlichen. In diesem Kapitel geht es vielmehr darum, wie man das positive Denken erlernt und welche goldenen Regeln man beachten muss.

Eine gute Nachricht haben wir vorab: Auch wenn Du das positive Denken nicht von Geburt an verfolgst, stehen Dir trotz alledem alle Türen offen. Nur Du allein kannst etwas gegen die negative Gedankenwelt tun, die Dich belastet. Nur Du allein kannst darüber bestimmen, wie Du deine Gedanken lenkst. Halte Dir das immer wieder vor Augen. Du wirst schnell merken, dass Dein Leben viel leichter ist und Du viel positiver in den Tag starten kannst. Positives Denken ist erlernbar, auch für Dich. Wichtig ist, dass Du Deine eigenen Schwächen kennst. Dich wird es wahrscheinlich ein bisschen Überwindungskraft kosten.

Hilfreich ist es in erster Linie, dass Du Deine Gedanken einfach mal genauer analysierst. Schreibe Deine Gedanken am besten auf und mache Dir Notizen über sie. Du wirst sehr schnell bemerken, dass viele Deiner Gedanken bereits positiv sind, auch wenn Du es in diesem Moment nicht wirklich denkst.

Es gibt viele Menschen, die bereits seit der Kindheit mit einer negativen Grundeinstellung leben. Diese Grundeinstellung ist nicht nur gegenüber einem selbst vorhanden, sondern auch gegenüber der eigenen Zukunft. Diese Menschen denken nicht nur Schlechtes, sondern erwarten auch in allen anderen Situationen Schlechtes, anstatt sich einfach mal selbst zu loben oder zu erkennen, dass man auch vieles im Leben gut macht. Das, was man in dieser eher negativen Grundeinstellung gelernt hat, wirkt sich auf das gesamte Leben aus. Auf das eigene Wohlbefinden, auf das eigene Lebensgefühl und auch auf den beruflichen Erfolg, den man weiterhin haben wird. Genau dann ist es jedoch sehr wichtig, einfach mal zu schauen, mit welchen Übungen man das positive Denken anstoßen kann und somit die gesamte Lebenseinstellung ändert.

In erster Linie ist es sehr wichtig, die innere Einstellung zu beeinflussen und darauf zu achten, wie man handelt und sich verhält. Oftmals sind die negativen Gedanken, die ständigen Zweifel und auch die vielen Sorgen, die man sich im Alltag macht, sehr stark verankerte Glaubenssätze. Annahmen in Bezug auf die eigene Person oder auf bestimmte Situationen, die man bereits erlebt hat. Wir möchten Dir einige Techniken und

Übungen zeigen, die Dir dabei helfen werden, die eigene Denkweise zu ändern und mit einer grundlegenden positiven Einstellung in den Alltag zu gehen. Du wirst sehen, dass mit einer positiven Gedankenwelt alles leichter wird.

Nach den goldenen Regeln werden wir Dir zusätzlich einige Techniken und Übungen auflisten, mit denen Du Dir eine positive Grundeinstellung im Alltag erarbeiten kannst. Nutze diese Übungen für Dich, Du wirst sehen, dass sie Dir allemal helfen können.

Die goldene Regel Nummer 1 – Die persönliche Einstellung ist das A und O

Beginnen wir vorweg mit der goldenen Regel Nummer 1. Diese beinhaltet unter anderem Deine persönliche Einstellung. Diese ist einfach das A und O, damit Du Deine gesamte Grundeinstellung ändern und Dich auf neue Denkweisen einstellen kannst. Sieh Deine persönliche Einstellung einfach wie eine Art Linse an, mit der Du immer wieder auf die Realität blicken kannst. Diese Linse prägt unter anderem Deinen gesamten Alltag. Versuche daher, Deine innere Einstellung ganz genau unter die Lupe zu nehmen und selbst zu erfahren, was sich in Deinem Leben positiv entwickelt hat. Du wirst sehen, dass es viele Dinge sind, die Du in der Art wahrscheinlich nicht einmal bemerkst.

Sobald Du das gemacht hast wirst Du schnell merken, dass auch Deine Mitmenschen anders auf Dich reagieren. Wie behandeln Dich Deine Mitmenschen? Sind Sie nett zu Dir oder bist Du eher der Mensch, der sich immer mehr zurückzieht? Achte auch auf diese Kleinigkeiten im Alltag. Sobald Du Deinen Mitmenschen freundlich und zuvorkommend gegenüberstehst, wirst Du sehr schnell bemerken, dass sie es auch tun. Jeder Mensch, der andere Menschen respektiert, steigert dadurch immer mehr sein eigenes

Selbstwertgefühl. Versuche es einfach mal. Du wirst sehen, dass es funktioniert. Schließlich ist auch das ein Teil Deiner inneren Einstellung.

Übungen – Die negativen Einstellungen einfach entrümpeln

Natürlich, möchten wir Dir zu Regel Nummer 1 gleichzeitig auch eine Übung aufzeigen, mit der Du deine komplette Einstellung eindeutig verbessern kannst. Dabei ist es wichtig, dass Du Deine negativen Gedanken aus Deinem Leben entrümpelst und Platz für neue, positive Gedanken machst.

Stelle Dir für diese Übung einfach mal vor, dass Du eine rosarote Brille trägst. Schaue mit dieser fiktiven Brille einfach mal in einen Spiegel. Was siehst du? Was geschieht um Dich herum? Achte in dem Fall einfach auf alles, was in Deiner Umgebung passiert. Dir kann schließlich nichts passieren, weil Du immer noch die rosarote Brille trägst. Mache Dir

Gedanken, was wirklich in Deinem Leben los ist. Merkst Du bereits, was Dir in diesem Moment bewusst wird? Oder sind es eher kleine Dinge, die Dir nun klarer werden? Umso länger Du Dich selbst mit dieser Brille im Spiegel betrachtest, umso mehr wird Dir in Deinem Leben auffallen. Du kannst diese Übung auch täglich für einige Minuten machen. Du wirst sehen, dass sie hilft, Deine Grundeinstellung zu ändern und über die Dinge in Deinem Leben viel mehr nachzudenken, als alles nur negativ zu sehen. Durch die rosarote Brille wirst Du schneller die positiven Aspekte in bestimmten Situationen erkennen. Natürlich funktioniert diese Übung nicht sofort. Du wirst schon eine Weile brauchen, um diese Übung perfekt umsetzen zu können. Auch hier ist es wichtig, dass Du Dich nicht verkrampft oder unter Druck setzt.

Die goldene Regel Nummer 2 – Vergleiche Dich niemals mit anderen Menschen

Viele Menschen neigen dazu, sich mit anderen zu vergleichen. Dieses Thema haben wir in unserem Buch schon einmal angeschnitten, wollen es bei dieser goldenen Regel jedoch weiter vertiefen. Es ist nämlich leichter gesagt als getan, sich nicht mit anderen Menschen zu vergleichen. Gerade im Alltag ist das ziemlich schwer. Allein durch die Werbung möchte jeder einzelne einem gewissen Schönheitsideal entsprechen und versucht genau aus dem Grund so zu sein, wie andere Menschen es sind. Hilfreich ist das für eine positive Lebenseinstellung jedoch in keinem Fall.

Es ist daher wichtig, dass Du genau solche Momente vermeidest. Achte nicht darauf, was andere machen oder welche besonderen Fähigkeiten sie haben. Achte vielmehr darauf, welcher Mensch

Du bist und was Du kannst. Das bedeutet nicht, dass Du keine Vorbilder haben darfst oder nicht zu anderen Menschen aufblicken sollst. Wir wollen damit lediglich sagen, dass Du vielmehr auf Dich achten solltest. Du musst nicht so sein wie andere Menschen oder die gleichen Ziele erreichen. Es setzt sich jeder andere Prioritäten, setze also auch Du Deine eigenen.

Umso mehr Du Dich mit anderen Menschen vergleichst, umso mehr richtest Du nämlich Deinen Fokus darauf, was andere machen und nicht darauf, was Du wirklich willst und was Dir wichtig im Leben ist.

Selbst mit Deinen eigenen Freunden oder Bekannten solltest Du Dich in keinem Fall vergleichen. Beginne immer im Inneren mit Dir selbst und setze Dir eigene Ziele. Du wirst sehen, dass Du viel motivierter und leichter an die Sache herangehen kannst.

Zu dieser kleinen Veränderung in Deinem Alltag gehört aber auch, einfach mal Nein zu sagen. Es ist nicht leicht, dass Wort „Nein“ in den Mund zu nehmen. Allerdings solltest Du Dir vor Augen halten, dass Du einen bestimmten Wert hast und auch Du Nein sagen solltest. Niemand kann Deine inneren Werte ändern. Daher musst Du auch Deinem eigenen Umfeld klar machen, dass es so nicht geht und dass auch Du mit Respekt behandelt werden solltest und das schaffst du indem Du anfängst Dich selbst zu respektieren. Genauso wie Du andere mit Respekt behandeln sollst, sollten Sie es auch bei Dir tun.

Auch wenn sich das ein bisschen seltsam anhört, wirst Du merken, dass diese goldene Regel wahre Wunder bewirken kann. Du lernst Schritt für Schritt positiv zu Denken und Deine persönliche Lebensqualität zu steigern.

Übung – Das machst Du gut!

Sich nicht mit anderen zu vergleichen, ist nicht immer leicht. Daher möchten wir Dir gerne eine kleine Übung zeigen, mit der Du endlich wieder den richtigen Weg in eine positive Lebenseinstellung findest. Mit dieser Übung lernst Du, was Du alles gut machst und fokussierst Dich dadurch auf Dich und nicht auf andere Menschen in Deinem Umfeld.

Setze Dich in einen ruhigen Raum und schließe Deine Augen. Fange ruhig an zu atmen und gehe in Dich. Nun stellst Du Dir immer wieder die Frage: Was habe ich heute gut gemacht? Was habe ich erreicht? Wo bin ich besonders stolz drauf? Wichtig ist, dass Du in dem Moment die absolute Stille genießt und tief in Dich gehst. Du wirst merken, dass Dein Gefühl, was erreicht zu haben, Dich stolz machen wird. Nach und nach verfliegen die vielen negativen Gedanken, die Du dir über den Tag hinweg gemacht hast. Bei dieser Übung geht es darum, dass Du zu Dir selbst findest und das erkennst, was Du kannst und auch schätzt, was Du bisher erreicht hast. Du wirst sehen, dass Du Dich keinesfalls mehr mit anderen Menschen vergleichen wirst. Schließlich steigerst Du mit dieser kleinen Übung Dein Selbstwertgefühl.

Die goldene Regel Nummer 3 – Freue Dich über Kleinigkeiten und sei dankbar

Dankbarkeit ist ein Begriff, der Dir nun wahrscheinlich sehr häufig begegnen wird. Sei dankbar, für alles, was Du hast oder was Du bis zum heutigen Tag erleben durftest. Nimm nichts als selbstverständlich hin und sehe jeden neuen Tag auf dieser Erde als ein Geschenk des Himmels. Freu Dich über die Kleinigkeiten, die Dir im Alltag begegnen. Du wirst schnell bemerken, dass es viel schöner ist, andere Menschen anzulächeln, Deine persönliche Freude auszustrahlen und den Tag zu genießen. Freue Dich einfach darauf, die Arbeit erledigt zu haben oder sei dankbar dafür, dass Du einen Job hast. Du wirst merken, dass auch diese kleinen Details im Alltag Dein ganzes Leben verbessern können. Das kannst Du auch dann umsetzen, wenn es beruflich mal stressiger wird, wie zum Beispiel bei Selbstständigen. Denn lieber soll es doch etwas stressig sei, als dass man keinerlei Aufträge und Projekte hat. Auch das zeigt in dem Moment, dass Du gut indem bist, was Du machst, auch wenn es aktuell vielleicht bedeutet, dass du Überstunden machen musst.

Zu dieser goldenen Regel gehört jedoch auch, dass Du die Dinge akzeptieren musst, die Du nicht mehr ändern kannst. Es gibt sehr viele Situationen im Leben, bei denen es nicht gerade einfach ist, diese einfach hinzunehmen. Gerade, was die persönliche Vergangenheit angeht ist es nicht immer leicht zu akzeptieren, wo der Weg hingeht. Du solltest Dir daher eindeutig im Klaren sein, dass Du alles was in der

Vergangenheit passiert ist, nicht mehr ändern kannst. Du hast keinen Einfluss mehr darauf. Die goldene Regel besagt daher, dass Du Dich natürlich mit Deiner Vergangenheit auseinandersetzen sollst. Sei Dir allerdings auch weiterhin im Klaren darüber, dass es auch wirklich Vergangenheit ist und Du sie sowieso nicht mehr ändern kannst. Lerne im Jetzt zu leben und in der Zukunft, nicht in Deiner Vergangenheit. Allein dieser Schritt, der nicht immer einfach sein wird, kann Dich zu einer neuen Lebensqualität mit positiven Gedanken führen.

Übung – Dankbarkeit verspüren!

Dankbarkeit ist das A und O im Alltag und in einem positiven Leben. Es gibt viele Menschen, die schon seit Jahren keine Dankbarkeit mehr verspüren oder sich überhaupt nicht im Klaren darüber sind, wofür sie eigentlich dankbar sein können. Genau diese Dankbarkeit solltest Du Dir vor Augen halten und mit

Hilfe dieser Übung erlernen.

Lege Deine Hand dafür auf Dein Herz und setze Dich aufrecht auf einen Stuhl. Entspannte Dich. Nun gehst Du wieder in Dich und zählst auf, wofür Du dankbar bist. Das können auch viele Kleinigkeiten sein, wie beispielsweise die Dankbarkeit, heute gesund aufzuwachen oder dankbar zu sein, dass die Familie gesund ist. Halte Dir alle Dinge vor Augen, wofür Du heute dankbar bist. Mache das solange, bis Du eine innere Ruhe in Dir spürst. Du wirst sehen, dass Du nach einer gewissen Zeit sogar ein Lächeln auf den Lippen spüren wirst. Auch diese Übung kannst Du mehrmals am Tag wiederholen!

Die goldene Regel Nummer 4 - Helfe Dir selbst mit einem Erfolgstagebuch

Um die Lebensqualität zu verbessern und zugleich die positive Einstellung zu erlangen, kannst Du ein Tagebuch nutzen und viele Dinge niederschreiben. Ein Erfolgstagebuch kann Tag für Tag dabei helfen, dass Du wieder positiv in den Alltag hineingehst und Dich auf die schönen Dinge im Leben konzentrierst. Mit diesem kleinen Erfolgstagebuch sollst Du mehrmals am Tag, dann wenn Du Zeit hast, einfach das aufschreiben, worüber Du Dich an diesem Tag gefreut hast. Du kannst in diesem Tagebuch auch die Erfolge verzeichnen, die Dir im Alltag begegnet sind oder aber auch die Herausforderungen und Komplimente schriftlich festhalten, die für Dich an diesem Tag wichtig waren. Ein Erfolgstagebuch ist ein kleiner Helfer, der allerdings eine große Wirkung hat.

Mit diesem Tagebuch kannst Du auch lernen, an Dich selbst zu glauben. Du kannst einfach alles aufschreiben, was Dir in den Sinn kommt, was gut war, aber auch was nicht so gut war. Vielleicht notierst Du Dir auch, wie Du Dich generell an diesem Tag gefühlt hast und vergibst Punkte. Reflektiere Deine einzelnen Tagebucheinträge einmal in der Woche oder einfach einmal im

Monat. Du wirst sehen, dass es gar nicht so viele schlechte Dinge im Leben gibt.

Übung – Das Führen eines Tagebuches!

Ein Tagebuch zu führen hört sich nicht so schwer an. Allerdings gibt es einige Dinge, auf die Du bei Deinem Erfolgstagebuch achten solltest. Fakt ist, dass ein solches Erfolgstagebuch viel mehr Motivation mitbringt und zugleich auch Deine Zufriedenheit steigern kann.

Nehme dazu ein kleines Heft oder einzelne Zettel, so wie es Dir am liebsten ist. Dann beginnst Du damit, alle positiven Erlebnisse und Erfahrungen aus dem Tag aufzuschreiben. Schreibe auch auf, welche Ziele Du erreicht hast und welche Aufgaben Du gut bewältigen konntest. Auch die besonderes schönen Situationen aus dem Tag solltest Du Dir notieren. Wenn Du möchtest, kannst Du sogar kleine Skizzen aufmalen.
Du kannst auch tabellarisch auflisten,

welche Bereiche in Deinem Leben wichtig sind und wie Du diese erreichen möchtest.

Halte Dir immer vor Augen, was Du alles aufgeschrieben hast und welche Tage besonders gut waren. Du wirst sehen, dass Dich genau diese Momente im Leben wieder motivieren werden. Selbst wenn Du mal ein Stimmungstief hast, kann es mehr als sinnvoll sein, zu schauen, was Du an den schönen Tagen in Dein Tagebuch geschrieben hast und was für Dich persönlich erfolgreich war. Führe ein solches Tagebuch über Wochen oder Monate hinweg. Du wirst merken, dass es wahre Wunder bewirken kann.

Die goldene Regel Nummer 5 – Erkenne Dich selbst und sehe Deine guten Leistungen an

Bei dieser goldenen Regel geht es vielmehr um Deinen eigenen Instinkt und auch um Deine innere Stimme. Diese beiden Schlagworte werden Dir garantiert helfen, den Alltag viel positiver zu sehen und diesen deutlich leichter zu meistern. Es ist schließlich auch Deine innere Balance, die Du finden musst und die Dir gleichzeitig mehr Lebensqualität bieten kann. Durch eine ausgeglichene Balance wirst Du garantiert viele Dinge positiver sehen. Außerdem kannst Du dadurch deutlich mehr Erfolg erzielen, was wiederum bedeutet, dass Deine emotionalen, körperlichen und zugleich auch seelischen Bedürfnisse deutlich leichter verarbeitet werden können.

In diesem Schritt geht es einfach darum, dass Du Dich selbst erkennen musst. Das ist wohl leichter gesagt als getan. Nur eine gute Selbsterkenntnis kann dabei helfen, die wichtigen Eigenschaften im Leben, wie beispielsweise die Werte, Kräfte und die eigene Lebenseinstellung beurteilen zu können. Genau das ist letztendlich der Schlüssel zum Erfolg und vor allem zu Deiner Selbstverwirklichung mit Hilfe des positiven Denkens!

Übung – Bestandsaufnahme von sich selbst!

Diese Übung wird Dir helfen, Deine persönliche Selbstannahme zu vertiefen. Das bedeutet, dass Du damit schnell herausfinden kannst, was Deine eigenen Eigenschaften sind und welche Ziele Du bereits erreichen konntest.

Beginne mit einer konkreten Bestandsaufnahme von Dir selbst. Dazu nimmst Du Dir wieder Zeit für Dich. Am besten an einem ruhigen Ort. Reflektiere Dich selbst. Gehe in Dich und versuche herauszufinden, was Du besonders gut kannst und was Du besonders gut gemacht hast. Du wirst merken, dass Du durch diese Bestandsaufnahme ein objektives Bild von Dir selbst erhalten wirst. Sobald Du einige Dinge herausgefunden hast, die Du gut machst, solltest Du Dich selbst loben. Lobe Dich für die Dinge im Alltag, die Du sehr gut meisterst. Lobe Dich auch für die Charaktereigenschaften, die Dich ausmachen, denn genau diese machen einen so wertvollen und tollen Menschen aus Dir. Es ist bei dieser Übung sehr wichtig, dass Du das Lob an Dich selbst am besten laut aussprichst. Du wirst Dich danach deutlich besser fühlen.

Die goldene Regel Nummer 6 – Affirmation nutzen

Klar und positiv formulierte Sätze reichen oftmals schon aus, um aus dem Gedankentief herauszufinden. Klingt erst einmal komisch, kann aber Wunder bewirken. Unsere Gedanken bestimmen das Handeln einer Person. Deswegen ist es wichtig sich umfassend mit dem Thema positives Denken zu befassen. Wer sich im positiven denken übt, kann schnell den weg raus aus dem dunklen Tal der Gedanken finden. Der Mensch denkt am Tag 50.000 Gedanken. Beginne in Deine Gedanken zu lauschen und erfasse was sie ausstrahlen. Die meisten Gedanken sind Gedankenmuster, die man in der

Kindheit verinnerlicht bekommen hat. Mit unüberlegten Aussagen haben Erwachsene Dir ein Gedankenmuster und eine Blockade verschafft, die heute noch in Deinen Gedanken eine Wirkung zeigt. Diese negativen Gedanken können mit positiven Sätzen aufgehoben werden. Hast Du beispielsweise ein geringes Selbstbewusstsein, weil Dir als Kind immer wieder vermittelt wurde Du seist dumm, dann kannst Du mit einer Affirmation diesen Komplex aufheben. Jedoch müssen diese Affirmationen sehr konkret formuliert werden.

Übung-Affirmation

Um die Affirmation eigenständig nutzen zu können, solltest Du Dir überlegen welchen negativen Gedanken du gerne beseitigen würdest. Sage Dir zu diesem Gedanken einen positiven Satz. Beispielsweise „Ich kann das“ oder „Ich bin liebenswert“. Diesen Satz kannst Du Dir nicht nur leise in Gedanken immer wieder benennen, sondern auch schriftlich festhalten. Dazu nutzt Du die Visualisierung. Diese ermöglicht es Dir einen Affirmationssatz optisch zu signalisieren. Schreibe den Satz also auf und hänge ihn Dir sichtbar hin.

Die goldene Regel Nummer 7 – Powerposing

Deine Haltung kann Deine Gedanken beeinflussen. Wusstest Du das nicht? Wer sich klein und unbedeutend fühlt und damit negative Gedanken aufnimmt, hat oftmals auch eine Körperhaltung, die das ausstrahlt. Mit dem Powerposing kannst Du Deine Körperhaltung verändern und damit auch dein Körpergefühl. Vor allem das Selbstvertrauen und die Selbstsicherheit werden dadurch ermöglicht und verbessert. Ähnlich zu vergleichen wie das positive Lächeln. Wer sich steig bewusst anlächelt wird ein positives Gefühl verspüren. Ähnlich ist es beim Powerposing. Stellst Du dich in einer selbstbewussten Pose hin und schaust dich selber an, wird sich Deine

Einstellung zu Dir und Deinen Gedanken verändern.

Übung – Ich bin!

Suche Dir einen ruhigen Ort und stell Dich vor einen Spiegel. Nimm nun die Supermann Pose ein. Arme in die Hüften gestemmt, Brust heraus und Beine gespreizt oder reise die Arme in die Luft als hättest du gerade den ersten Platz in einem Wettkampf geholt. Schau Dich so an, was siehst Du? Einen selbstbewussten Menschen. Nutze diese Pose, wenn Du mal wieder an Dir zweifeln solltest. Bleibe jeweils mindestens 60 Sekunden in dieser Haltung, dabei wirst Du bemerken, dass sich deine Geisteshaltung wandelt, wodurch du wieder selbstbewusster wirst. Vergiss dabei nicht, dass was Du fühlst, denkst Du und was du denkst das strahlst Du aus.

Praktische Tipps, um das positive Denken zu verwirklichen!

Nachdem Du nun unsere sieben goldenen Regeln kennenlernen durftest, möchten wir Dir noch weitere Tipps mit auf den Weg geben, damit auch Du das positive Denken auf den Alltag beziehen kannst. In diesem Buch haben wir Dir bereits sehr viele Erfahrungen, Tipps und Hilfen aufgezeigt, die Du hoffentlich schon das ein oder andere Mal ausprobiert hast.

Du wirst daher bemerkt haben, dass einer der wichtigsten Punkte Deine innere Balance ist. Diese musst Du einfach haben, um glücklich zu sein und den Alltag positiv bewältigen zu können. Dem einen fällt es leicht diese Balance zu finden, dem anderen wiederum nicht. Es kann auch immer wieder zu großen Erfolgserlebnissen kommen, aber auch zu Rückschlägen. Dies sollte Dich allerdings nicht demotivieren. Rückschläge und eher negative Phasen gehören im Leben einfach dazu. Du musst jedoch für Dich selbst lernen, genau aus diesen negativen Phasen herauszukommen und alles aus einem positiven Blickwinkel zu sehen und aus diesen Phasen zu lernen. Auch diese geben Dir etwas mit auf den Weg, finde heraus, was es ist und wie Du diese Phasen für Dich nutzen kannst.

Übernehme daher die Kontrolle über Deine negativen Gedanken und ersetze sie durch positive. Durch unsere nachfolgenden Tipps wirst Du deutlich leichter durch den Alltag gehen können.

Wichtig ist, dass Du niemals aufgibst und an Dir selbst arbeitest. Gerade die Menschen, die sehr viele negative Gedanken haben und eher zu einem Pessimisten neigen, müssen viel mehr Zeit in sich und die eigene Lebenseinstellung investieren. Halte Dir jedoch immer vor Augen, dass alles möglich ist! Du wirst sehen, dass Du mit den wenigen Übungen täglich, deutlich mehr Lebensqualität bekommst und viel positiver durch den Tag gehen wirst.

Tipp 1: Erkenne alle negativen Gedankenmuster im Alltag

Damit Du Deine persönlichen negativen Gedankenmuster im Alltag erkennen kannst, nehme Dir einfach zweimal am Tag Zeit für Dich! In dieser Zeit nimmst Du Dir einen Zettel und einen Stift und schreibst alle negativen Gedanken auf, die gerade durch Deinen Kopf gehen. Schreibe dazu einfach alles auf, was Dich belastet, ohne dass Du anfängst diese negativen Gedanken zu analysieren. Vergleiche diese Übung nicht mit Deinem Erfolgstagebuch. Hierbei geht es nur darum, die negativen Gedanken aus Deinem Kopf zu verbannen und niederzuschreiben.
Du kannst schließlich auf diese Art und Weise ein neues Bewusstsein in Dir selbst schaffen. Du erkennst nach einer

gewissen Zeit dieser Übung schneller die negativen Gedankenmuster und kannst deutlich besser gegenlenken, damit diese Dich in Zukunft nicht so weit herunterziehen können und Du schneller auf einem eventuellen Tief rauskommst.

Tipp 2: Nutzen Sie weiterhin die Above-Average-Funktion

Nun fragst Du Dich bestimmt, was genau mit dieser Funktion oder eher gesagt, was mit diesem Effekt gemeint ist. Mit dieser Übung ist nichts weiter gemeint, als das Du Dir immer wieder vor Augen hältst, dass Du weitaus besser bist als der gesamte Durchschnitt in Deinem Umfeld. Das bedeutet, dass Du Deine Arbeit besser machst als die Hälfte Deiner Arbeitskollegen. Versuche jeden Tag genau an diesen Effekt zu denken und Dich selbst besser dastehen zu lassen. Du wirst merken, dass Du noch positiver in Deinen Alltag gehst und dadurch natürlich auch erheblich mehr Lebensqualität erhalten wirst.

Tipp 3: Lob und Komplimente jeden Tag aufschreiben!

Du siehst, dass Du viel aufschreiben sollst. Dies hilft Dir dabei, alles was Du notierst, schlussendlich auch zu verinnerlichen. Eine weitere wichtige Übung oder ein weiterer Tipp ist es daher, dass Du einfach alle Komplimente und jedes Lob, welches Du im Alltag bekommst, einfach mal aufschreibst. Das kann nur ein Kompliment zum neuen Outfit sein oder auch ein Lob für gute Arbeit. Egal, um welche Kleinigkeit es hierbei geht, schreibe es Dir auf. Ob Du das in einem kleinen Buch machst, um Dich immer wieder daran zu erinnern oder auch auf einzelnen Zetteln. Das kannst Du für Dich selbst entscheiden oder immer variieren. Wichtig ist, dass Du alles auflistest, was in diese Richtung geht.

Tipp 4: Nimm Dir selbst den Druck aus dem Alltag!

Stress ist nicht nur ein absoluter

Stimmungskiller, sondern kann Dich im Alltag stark einschränken und das sogar bezüglich der Gesundheit. Daher solltest Du darauf achten, dass Du dir den Druck auf der Arbeit und in der Freizeit nimmst. Damit meinen wir allerdings nicht den guten Stress, der dabei helfen kann, die verschiedenen Aufgaben einfacher zu erledigen. Vielmehr geht es um den Stress, der Dir nicht guttut und Dich unglücklich macht. Auch der Zeitdruck ist damit gemeint, den Du dir jeden Tag selbst setzt. Versuche also, für Deine vielen verschiedenen Aufgaben einfach ein bisschen mehr Zeit einzuplanen. Dadurch kannst Du bereits einen gewissen Druck im Alltag vermeiden.

Tipp 5: Vermeide weitere Miesmacher!

Es gibt einige Menschen und Situationen im Alltag, die Dir wahrscheinlich den Tag verschlechtern. Diese Menschen und Erlebnisse sind absolute Miesmacher, die Du vermeiden solltest. Achte daher darauf, dass Du keine schlechte Laune bekommst, wenn Du mal jemanden siehst, den Du nicht sonderlich gut leiden kannst. Solche Menschen und Miesmacher haben grundsätzlich in Deinem Umfeld nichts mehr zu suchen. Du wirst merken, dass Du viel positiver in den Alltag gehst, wenn Du genau die Menschen in Deinem Leben vermeidest, die Dir nicht guttun oder Dir Kraft rauben. Auch alle anderen Miesmacher, die Dir schlechte Laune bereiten solltest Du genau jetzt vermeiden. Das bedeutet auch, dass Du Dich genau von solchen Menschen trennst und Menschen, die Dir gut tun in dein Leben ziehst, die Dich aufbauen und wertschätzen.

Tipp 6: Sei offen für alle neuen Möglichkeiten!

Du hast wahrscheinlich hin und wieder den Gedanken, dass Du vom Pech verfolgt wirst. Gerade dann, wenn Du Phasen hast, in denen einfach alles schief geht. Das ist leider im Leben manchmal so und Du musst lernen, auch das zu akzeptieren. Es ist allerdings wichtig, dass Du versuchst, genau aus diesen negativen Aspekten einfach das Positive herauszuziehen. Schaue daher einfach mal, was du Positives aus den negativen Situationen herausfiltern kannst. Vielleicht kann eine Kündigung beispielsweise für einen Neuanfang stehen und für die Tatsache, dass Du Dich endlich traust, Dich beruflich neu zu orientieren? Oder ein Fehler, den Du gemacht hast, kann Dir neue Türen öffnen? Vergiss nicht, dass es immer einen anderen Weg gibt, auch wenn Dir dieser noch nicht sonderlich bewusst ist. Versuche auch in solchen Momenten, nicht alles schwarz zu sehen.

Tipp 7: Gestalte Dein Essen bunter!

Dieser Tipp kommt Dir wahrscheinlich gerade etwas absurd vor. Allerdings haben Forscher bereits beweisen können, dass ein buntes Essen auf dem Teller einfach glücklich macht. Versuche daher, einfach mal bunte Lebensmittel in verschiedenen Farben auf den Teller zu bringen, wie beispielsweise bei einem

Salat. Du wirst merken, dass es Dich einfach viel glücklicher macht.

Tipp 8: Sport hilft!

Negative Gedanken entstehen meist durch fehlendes Selbstvertrauen. Deswegen ist es wichtig, sich mit einer gesunden Ernährung und regelmäßigem Sport gut um den eigenen Körper, zu kümmern. Besonders beim Ausdauersport wie zum Beispiel Joggen, werden viele Glückshormone freigesetzt. Einige Menschen berichten sogar von dem sogenannten „Runner's High". Mache also Sport, um Dich aus einem negativen Gedankenumfeld zu befreien.

Tipp 9: 10-Minuten Lächel-Übung

Die Lächel-Übung ist etwas sehr einfaches und kann Dir helfen schnell die positiven Gefühle hervorzuholen, die du eigentlich möchtest. Dazu musst Du einfach nur 10 Minuten lang lächeln, denn dabei drückt der Muskel auf einen Nerv, der auch bei richtigem Lächeln aktiviert wird. Dazu kannst Du einen Spiegel verwenden. Zwinge Dich zum Lächeln und Du wirst bemerken wie einfach es sein kann gute Laune zu bekommen.

Tipp 10: Das Gesetz der Anziehung

Das Gesetz der Anziehung besagt, dass was wir ausstrahlen ziehen wir an. Das würde also heißen, denkst Du negativ, strahlt Dein Körper und deine Aura genau das aus. Du hast eine zurückgezogene Haltung, schaust komisch und hast kaum etwas Positives zu verkünden. Strahlst Du das aus, wirst Du Menschen mit ähnlichen Eigenschaften anziehen. Denkst Du positiv, dann hast Du jederzeit die Möglichkeit auch positive Menschen in deiner Umgebung zu fesseln. Das Gesetz der Anziehung ist also recht einfach. Was Du ausstrahlst ziehst Du an. Versuche positive Gedanken zu formen und positiv in die Welt zu blicken und Du wirst diese Menschen erreichen.

Sobald Du diese ganzen Tipps und Hilfen beachtest, wirst Du schnell merken, dass Du garantiert Dein eigenes Wohlbefinden und Deine Lebensqualität steigern kannst. Es gibt leider sehr viele Dinge und Aufgaben im Leben, die einem nicht leichtfallen und bei denen man schnell den Kopf in den Sand steckt. Du wirst allerdings sehen, dass Du dich einfach wohler fühlen wirst, wenn Du auch unsere genannten Übungen machst. Nutze diese Hilfen jeden Tag und Du kannst schon bald mehr Lebensqualität erhalten. Dieser Weg ist garantiert nicht einfach. Vor allem dann nicht, wenn sich die vielen negativen Gedanken bereits in Deinem Kopf verankert haben.

Versuche auf diesem Weg aber auch, Dir gewisse Ressourcen zu schaffen. Damit sind Kraftquellen gemeint, die Dir den gesamten Alltag erleichtern können. Du kannst diese selbst ernannten Energieressourcen immer wieder hervorholen, wenn es Dir mal nicht gut geht. Solche Ressourcen können Menschen aus der Familie sein, aber auch wichtige Ziele im Leben. Auch der eigene Glaube oder die Religion können mit zu diesen Ressourcen zählen. Schreibe Dir diese Ressourcen am besten auf, damit Du sie immer vor Augen hast.

Des Weiteren kann es sinnvoll sein, die Dinge aufzuschreiben, die Du gerne machst. Versuche jeden Tag, genau eines dieser Punkte in Deinen Alltag einzubauen. Ob das nun Musik hören ist oder einfach kochen. Höre doch dein Lieblingslied und dreh es voll auf. Sing laut mit und steh auf, um Dich im Takt zu bewegen. Nimm Dir die Zeit für Dich im Alltag, auch wenn Du viel Stress auf der Arbeit hast oder andere Aufgaben bewältigen musst. Es ist einfach sehr wichtig, dass Du Zeit für Dich hast, da Du damit Dein allgemeines Wohlbefinden garantiert steigern kannst.

Jeder Mensch entwickelt im Laufe der

Jahre nach und nach gewisse Strategien für das eigene Leben. Diese helfen einem dabei, dass Leben wieder ins Gleichgewicht zu bringen. Auch Du wirst garantiert schon einige Ressourcen und Strategien haben, die Dir den Alltag erleichtern und die Dir im Laufe des Buches klar wurden.
Deine selbst gesetzten Ressourcen werden Dir die Gelegenheit geben, eine deutlich bessere Selbstwahrnehmung zu erhalten. All die Dinge, die Dir im Leben eine Freude machen, solltest Du mit in deinen Alltag integrieren. Du kannst natürlich auch immer wieder Neues versuchen und ausprobieren, was auch Dir gut tun wird. Du findest bestimmt Gefallen an manchen Dingen, die Du dir vorher nicht vorstellen konntest.

Atemübungen

Am besten ist es, wenn Du neben den Tipps und vielen Hilfen aus diesem kleinen Ratgeber schaust, dass Du Dir die ein oder anderen Entspannungsmethoden aneignest. Diese können Dir sehr gut dabei helfen, den täglichen Stress abzubauen und gleichzeitig auch ein bisschen abschalten zu können. Die progressive Muskelentspannung ist dabei eine sehr gute Methode, die Dir im Alltag helfen kann. Dadurch kannst Du auch innere Unruhe, Angst und Schlafstörungen behandeln. Entspannen ist im Alltag einfach sehr wichtig, damit Du deine Ziele und den Fokus nicht aus den Augen verlierst. Je entspannter Du bist, umso positiver kannst Du denken und umso mehr Lebensqualität kannst Du bekommen.

Wir möchten Dir daher einfache Übungen aufzeigen, wie Du für mehr

Entspannung sorgst und das positive Denken anregst.

Herzschlag-Atemübung

Bei dieser Atemübung suchst Du dir als erstes einen ruhigen Platz, an dem Du einige Minuten ungestört sein kannst. Welcher Ort oder welcher Raum das ist, entscheidest Du in dem Fall für Dich selbst. Setze Dich nun auf einen Stuhl und stelle Deine Beine aufrecht auf. Deine Wirbelsäule solltest Du in dieser Haltung gerade halten. Danach lehnst Du dich zurück und lässt Deine Schultern locker. Schließe nun Deine Augen und lege Deine Hände auf den Bauch. Nun konzentrierst Du dich voll und ganz auf Deine Atmung. Atme tief durch den Bauch ein und zähle dabei bis vier. Du wirst merken, wie sich Deine Hände durch die Atmung bewegen. Sobald du bei vier angekommen bist, halte Deinen Atem kurz aufrecht und atme danach langsam wieder aus. Wiederhole diese Atemübung zwischen fünf und zehnmal. Danach kannst Du

deine Augen wieder öffnen und in den Alltag zurückkehren.
Mit Hilfe dieser Übung kannst Du Deine Herzfrequenz wieder normalisieren. Stress und negative Gedanken steigern schließlich Deine Herzfrequenz und tun Dir nicht gut.

Die Visualisierungs-Atem-Übung

Auch diese Übung möchten wir Dir gerne vorstellen, da sie Deinen Alltag erleichtern kann. Auch für diese Atemübung suchst Du Dir wieder einen Ort, an dem Du völlig ungestört bist und Deine Ruhe hast. Setze Dich auch bei dieser Übung wieder auf einen Stuhl und stelle Deine Beine auf. Auch hierbei ist Deine Wirbelsäule gerade und Dein Rücken angelehnt. Lockere wieder Deine Schultern und schließe danach Deine Augen. Nun atmest Du einige Male hintereinander bewusst ein und wieder aus. Das machst Du nun solange, bis Du merkst das Dein Atem einen natürlichen Rhythmus gefunden hat.

Stelle Dir nun einen Ort vor, an dem Du dich sehr wohlfühlst. Dies kann eine Wiese mit schönen Blumen sein, aber auch ein schöner Strand. Wichtig ist, dass Du Dir jede Einzelheit genau vorstellst. Zoome bestimmte Momente oder Situationen an diesem Ort heran und betrachte jedes Detail an Deinem persönlichen Wohlfühlort. Atme nun den Geruch der Blumen und der Umgebung ein. Konzentriere Dich auf das Zwitschern der Vögel und lausche dem Rauschen des Meeres. Genieße dieses Szenario eine Weile, und zwar solange, bis Du merkst, dass Dein ganzer Körper wieder vollkommen ruhig und gelassen ist. Du wirst merken, dass Du nach einer gewissen Zeit wieder Energie für den Alltag hast.
Abschließend atmest Du nochmal tief ein und aus und öffnest sanft Deine Augen. Kehre wieder in den Alltag zurück und wiederhole diese Technik wann immer Du neue Kraft und Energie brauchst.

Die Bodyscan Übung

Als Letzteres wollen wir Dir auch diese Übung ans Herz legen, um Deine Lebensqualität zu steigern und Dich im Alltag ebenfalls zu den positiven Gedanken zu leiten. Nimm die gleiche Haltung ein wie bei allen anderen Übungen auch. Jetzt atmest Du zweimal tief ein und aus. Danach lenkst Du deine komplette Aufmerksamkeit auf Deinen ganzen Körper.
Frage Dich nun, wie Du Dich heute fühlst. Was stört Dich? Wie fühlst Du Dich körperlich? Nimm Deine volle Aufmerksamkeit auf Dich und wandere langsam an Deinem Körper herunter. Spüre jede Einzelheit und versuche Deinen Körper locker zu machen. Du wirst merken, wie Du immer mehr entspannst und immer tiefer in diesen Zustand gelangen kannst. Gehe von Deinen Füßen nach oben zu Deinem Kopf. Abschließend nimmst Du Deinen Körper nochmals als Ganzes wahr. Atme nun nochmals tief ein und aus und

entspanne Dich vollkommen. Öffne wieder sanft Deine Augen und kehre in den Alltag zurück.

Diese kleinen Entspannungsübungen wollten wir abschließend vorstellen, damit Du Dir einige Minuten am Tag Zeit nimmst, um aus stressigen Situationen oder Momenten, in denen Du negative Gedanken hegst, herauskommst. Mit Hilfe dieser Übungen kannst Du garantiert Deine innere Mitte finden und dadurch deutlich mehr Balance im Alltag erhalten. Es dauert nicht einmal fünf Minuten. Diese fünf Minuten wirst Du am Tag garantiert finden. Vielleicht mögen einige Übungen oder Techniken aus diesem Buch für Dich eher ungewöhnlich sein und komisch klingen. Anfangs werden sie bestimmt auch etwas befremdlich wirken. Allerdings wirst Du nach einigen Übungen merken, dass Du lernst, Dich im Alltag zu entspannen und abschalten zu können.

Mach Dir dabei allerdings keinen Druck

und zwing Dich nicht dazu. Du solltest in diesem kleinen Ratgeber offen für Übungen, Hilfen und Tipps sein. Nur wenn Du diese kleinen Hilfestellungen zulässt, wirst Du erkennen, dass es Dich stärken wird. Nach und nach werden auch die negativen Gedanken der Vergangenheit angehören und Du wirst Dich immer mehr den positiven Gedanken widmen und Deine Lebensqualität steigern. Probiere es daher jeden Tag einfach aus und schaue genau, dass Du einzelne Übungen in Deinen Tagesablauf mit einbindest. Dadurch erfährst Du nicht nur Entspannung, sondern mehr Lebensqualität und Wohlbefinden.

Haftungsausschluss

„Die Verwendung der Informationen in diesem Buch und die Umsetzung derselben erfolgt ausdrücklich auf eigenes Risiko. Der Autor kann für etwaige Unfälle und Schäden jeder Art, die sich bei der Zubereitung der Speisen ergeben, aus keinerlei Rechtsgrund die Haftung übernehmen. Haftungsansprüche gegen den Autor für Schäden jeglicher Art, die durch die Nutzung der Informationen in diesem Buch bzw. durch die Nutzung fehlerhafter und/oder unvollständiger Informationen verursacht wurden, sind ausgeschlossen. Folglich sind auch Rechts- und Schadenersatzansprüche ausgeschlossen. Der Inhalt dieses Werkes wurde mit größter Sorgfalt erstellt und überprüft. Der Autor übernimmt keine Gewähr und Haftung für die Aktualität, Korrektheit, Vollständigkeit und Qualität der bereitgestellten Informationen. Druckfehler können nicht vollständig ausgeschlossen werden. Weiterhin beruht der Inhalt dieses Werkes auf persönlichen Erfahrungen und Meinungen des Autors. Der Inhalt darf nicht mit medizinischer Hilfe verwechselt werden."

Impressum

1. Auflage

Kontakt: Philipp Vögele, Lindenstraße 5, 77960 Seelbach

Covergestaltung: germancreative

Coverfoto: depositphotos

Printed in Poland
by Amazon Fulfillment
Poland Sp. z o.o., Wrocław

51183921R00058